TERRA MYSTICA
GERHARD ALMBAUER

Familie für

herzlichst

Almbauer
2002

Auflage in 2000 Exemplaren

©2002 Gerhard Almbauer/Graz/A
Alle Rechte vorbehalten

ISBN 3-902249-06-4

Fotographie: Werner Krug, Graz/A
Peter Manninger, Graz/A
Foto Tschank, Eisenstadt/A
Heidrun Almbauer/A
Herstellung: Hämmerle Druck Quintessence, Hohenems/A
Gestaltung: Graphisches Zentrum Hohenems,
René Dalpra und Hugo Ender, Mitarbeit Sarah Riedmann/A
Lithografie: Günter König, Götzis/A
Drucker: Helmut Lecker, Reinhard Moosmann,
Herbert Thurnher
Ausstattung: Buchbinderei Almesberger,
St. Georgen im Attergau/A

Wir danken für die freundliche Unterstützung
durch das Bankhaus Krentschker/Graz.

Printed in Austria

TERRA MYSTICA
GERHARD ALMBAUER

TERRA MYSTICA UND VITA MYSTICA DES GERHARD ALMBAUER

Wer eine Reise tut, hat etwas zu erzählen. Wer viel reist, hat viel zu erzählen. Gerhard Almbauer, 1957 in Graz geboren, wollte eigentlich Kunst studieren, wurde jedoch Reisebürofachmann – und «erzählt» seine Eindrücke in Bildern. «In erster Linie bin ich Landschafts-, bzw. Städte- und Architekturmaler», sagt der Künstler und hinterlässt damit einen irritierenden Eindruck. Denn Gerhard Almbauers Bilder sind weit davon entfernt, Touristeneindrücke widerzuspiegeln. Es sind mystische Landschaften, die eingefangen, transformiert und früher als Aquarell zu Papier, heute in Mischtechnik auf die Leinwand gebracht, ein erweitertes Künstlertum zeigen. Hunderte und Tausende von Jahren zurück liegen die Ursprünge asiatischer, indischer und afrikanischer Kulturen, in Religion und Kunst sichtbar und von Gerhard Almbauer mit dem Auge des Künstlers gesehen – malend erlebte Kulturen. Als «Notberuf» bezeichnet Gerhard Almbauer seine Tätigkeit als Reisender, «denn immer bin ich auf der Suche nach ins Leben hinein gewachsenen Ergebnissen anderer Kulturen, Philosophien, Architekturen und Religionen.» Und natürlich nach Landschaften, die bei Gerhard Almbauer reduziert werden bis hin zur Abstraktion, oft in Verbindung mit archaischen Symbolen urzeitlicher Zivilisationen – mystische Landschaften, in denen ein universelles, ganzheitliches Umfassen und Durchdringen aller Kulturen und Werte der Menschheitsgeschichte lichtvoll lebendig wird.

QUADRATUR DES KREISES   «Die Aquarelle, für die ich bekannt bin, entstehen in der Natur, sind impressionistische Studien.» Mit dem Aquarell als «flache Angelegenheit», als Technik, bei der Perspektive und Raumaufteilung wesentliche Elemente sind, ist das Expressive bis hin zum Abstrahierten, ist das Einbinden anderer Materialien, das Körperhafte nicht möglich. Und so gewinnt Gerhard Almbauer in jüngster Zeit, häufig im Atelier in konzentrierter Ruhe, nicht abgelenkt von der schönen Landschaft, vom Klima, begleitet von klassischer Musik, den inneren Bildern seiner Reisen nach Asien, Indien, Afrika, aber auch nach Spanien und immer wieder in die Toskana, neue Formen ab. Inspiriert von reduzierten Wüsten- und Erdlandschaften entstehen Landschaftsbilder von tiefer, mystischer Aussage, aber auch Akte, Stillleben oder reduzierte Blumenbilder in Mischtechnik. Dem mehrdimensional denkenden und fühlenden Gerhard Almbauer gelingt es, materialhafte Dreidimensionalität auf die Leinwand zu zaubern, indem er in die Farbbindemittel der Lacke, Öle und Acryle, collageartig andere Materialien, z. B. Stoffe, Erde oder Sand, mitgebracht aus Indien oder Marokko, einbindet. Und es gelingt ihm, die an seine Aquarelle erinnernde Transparenz, den Lichtzauber, der zeigt, dass ein Gegenstand erst zu leben beginnt, wenn Licht auf ihn fällt, auch mit der Mischtechnik sichtbar zu machen. Materielle Dreidimensionalität auf der Fläche der Leinwand und geistige Mehrdimensionalität durch das Licht – eine doppelte Quadratur des Kreises – die Terra Mystica und Vita Mystica des Gerhard Almbauer.

MYSTISCHE ZEICHEN   «Das Aquarell ist ein guter Lehrmeister, da muss alles sitzen, da gibt es keine Korrektur, man muss ein Farbgefühl entwickeln, Fläche zu Fläche setzen, Grössenverhältnisse der Gegenstände im Bildraum, Goldener Schnitt usw. Durch mein jahrelanges Üben damit, fällt mir die Umstellung auf das andere Material, ohne deshalb die Transparenz zu verlieren, nicht so schwer. Ohne das Aquarell zu kopieren, bringe ich ähnliche Themen, aber in anderen Dimensionen, auf die Leinwand.» Wieder hinterlässt er einen irritierenden Eindruck, wenn er die Technik in den Vordergrund stellt, wenn er verschweigt, wie tief ihn z. B. in Nepal das Zusammentreffen zweier Religionen, Hinduismus und Buddhismus, beeindruckte, ebenso wie im Islam die Kalligraphie, Ornamentik und Architektur, aber auch die nicht überkultivierten, die naturbelassenen Landschaften. Aus dem Miterleben, verbunden mit den archaischen und mystischen Zeichen jener Kulturen, der hoch entwickelten, stilisierten und einfachen Kunst, einer Kunst noch unbelastet von tausenden Jahren Kunst- und Kulturgeschichte, entsteht bei den neuen Bildern von Gerhard Almbauer eine Reduzierung auf das Wesentliche, die immer etwas Mystisches in sich hat, entsteht Abstraktion, entsteht authentische Kunst. Auf der Suche nach einem Weg zum Ursprünglichen, zum Einfachen, so weit wie möglich unbeeinflusst von nur einer bestimmten Kultur oder Religion, ist Gerhard Almbauer dem Ziel sehr nahe gekommen.   Gerolf Hauser

TERRA MYSTICA

TERRA MYSTICA | 2001 | 80 x 120 cm | Mischtechnik auf Leinwand

WINDLAND | 2001 | 70 x 80 cm | Mischtechnik auf Leinwand

WEITES LAND | 2001 | 80 x 120 cm | Mischtechnik auf Leinwand

SEELAND | 2001 | 80 x 120 cm | Mischtechnik auf Leinwand

KÜSTENLAND | 2001 | 80 x 120 cm | Mischtechnik auf Leinwand

TOSKANA – PERGOLATO | 2001 | 80 x 80 cm | Mischtechnik auf Leinwand

TOSKANA - SIENA | 2001 | 80 x 80 cm | Mischtechnik auf Leinwand

UMBRIEN | 2001 | 30 x 30 cm | Mischtechnik auf Leinwand

TOSKANA - CASA COLONICA NEL CHIANTI | 2001 | 70 x 80 cm | Mischtechnik auf Leinwand

TOSKANA – CERTALDO | 2001 | 40 x 80 cm | Mischtechnik auf Leinwand

ANDALUSIEN – BLAUES LAND | 2001 | 20 x 60 cm | Mischtechnik auf Leinwand

MAROKKO - CHECHAOUEN | 2001 | 55 x 75 cm | Mischtechnik auf handgeschöpfter Bütte

ANDALUSIEN – SIERRA NEVADA | 2001 | 55 x 75 cm | Mischtechnik auf handgeschöpfter Bütte

ANDALUSIEN – JEREZ DE LA FRONTERA | 2001 | 55 x 75 cm | Mischtechnik auf handgeschöpfter Bütte

EXTREMADURA - MÉRIDA | 2001 | 55 x 75 cm | Mischtechnik auf handgeschöpfter Bütte

UMBRIEN – BEI PERUGIA | 2001 | 55 x 75 cm | Mischtechnik auf handgeschöpfter Bütte

PROVENCE – COTIGNAC | 2000 | 55 x 75 cm | Mischtechnik auf handgeschöpfter Bütte

PROVENCE – ST. PAUL DE VENCE | 2001 | 55 x 75 cm | Mischtechnik auf handgeschöpfter Bütte

TOSKANA – ABBAZIA BEI SIENA | 2001 | 55 x 75 cm | Mischtechnik auf handgeschöpfter Bütte

PROVENCE - ROUSSILLON | 2001 | 55 x 75 cm | Mischtechnik auf handgeschöpfter Bütte

TOSKANA - VOLTERRALAND | 2001 | 55 x 75 cm | Mischtechnik auf handgeschöpfter Bütte

VENEDIG – SAN GIORGIO | 2000 | 55 x 75 cm | Mischtechnik auf handgeschöpfter Bütte

VENEDIG – BURANO | 2001 | 55 x 75 cm | Mischtechnik auf handgeschöpfter Bütte

KRETA - BERGDORF | 2001 | 55 x 75 cm | Mischtechnik auf handgeschöpfter Bütte

TOSKANA - VOLTERRA | 2000 | 55 x 75 cm | Mischtechnik auf handgeschöpfter Bütte

WÜSTENZYKLUS - SAHARA/BERBERDORF | 2001 | 55 x 75 cm | Mischtechnik auf handgeschöpfter Bütte

LANZAROTE - FEMES | 2001 | 55 x 75 cm | Mischtechnik auf handgeschöpfter Bütte

MALLORCA - VALL DE MOSSA | 2001 | 55 x 75 cm | Mischtechnik auf handgeschöpfter Bütte

MAROKKO - ESSAOUIRA | 2001 | 55 x 75 cm | Mischtechnik auf handgeschöpfter Bütte

BURGENLAND – WEINLAND | 2001 | 55 x 75 cm | Mischtechnik auf handgeschöpfter Bütte

MAROKKO - TIFOULTOUTE
2001 | 50 x 70 cm | Mischtechnik auf Leinwand

MAROKKO-SAHEL

2001 | 50 x 70 cm | Mischtechnik auf Leinwand

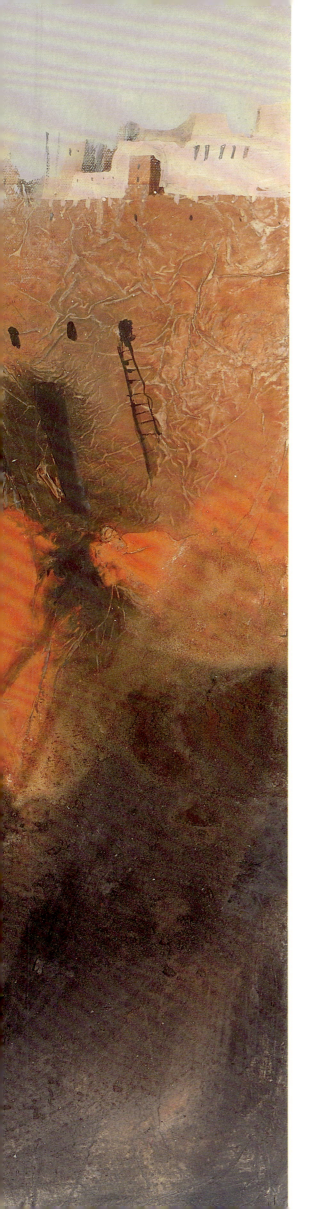

MAROKKO - FES
2001 | 50 x 70 cm | Mischtechnik auf Leinwand

MALLORCA-FINCA
2001 | 50 x 70 cm | Mischtechnik auf Leinwand

AFRIKA – SANDLANDSCHAFT | 1999 | 100 x 100 cm | Mischtechnik auf Leinwand

AFAR
2001 | 50 x 70 cm | Mischtechnik auf Leinwand

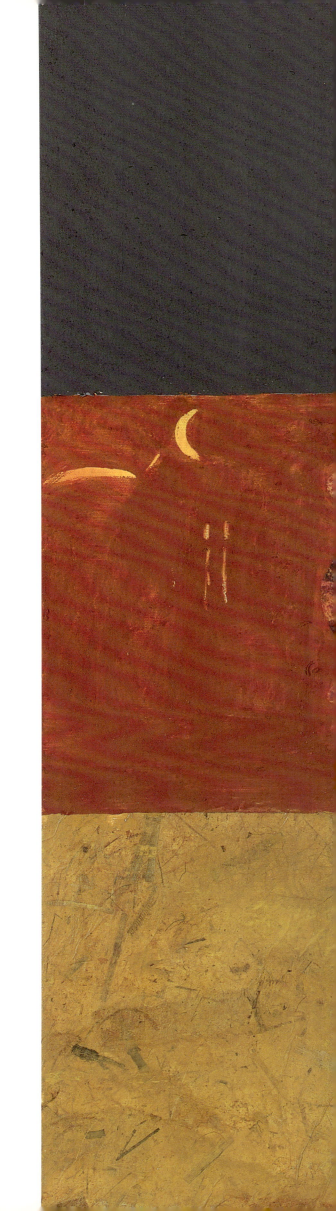

KÖNIG UND KÖNIGIN

2001 | 50 x 70 cm | Mischtechnik auf Leinwand

OUA-N-BENDER
2001 | 50 x 70 cm | Mischtechnik auf Leinwand

DER GROSSE ZAUBERER
2001 | 50 x 70 cm | Mischtechnik auf Leinwand

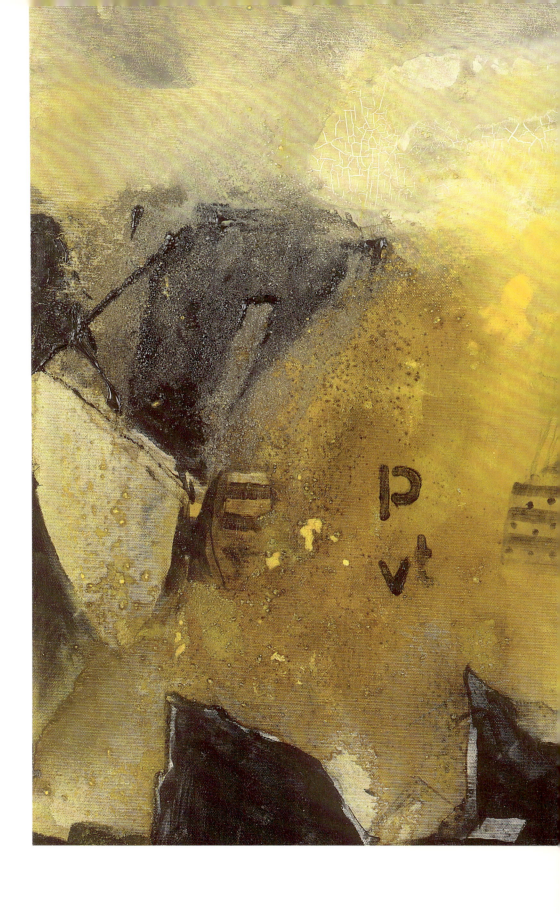

KAISUT – P. VT | 2001 | 60 x 60 cm | Mischtechnik auf Leinwand

DANAKIL | 2001 | 60 x 60 cm | Mischtechnik auf Leinwand

TURKANA | 2000 | 90 x 130 cm | Mischtechnik auf Leinwand

SAMBURU | 2001 | 60 x 80 cm | Mischtechnik auf Leinwand

FLO

FLORA MYSTICA
FRUITS

FLORALES I

2001 | 50 x 70 cm | Mischtechnik auf Leinwand

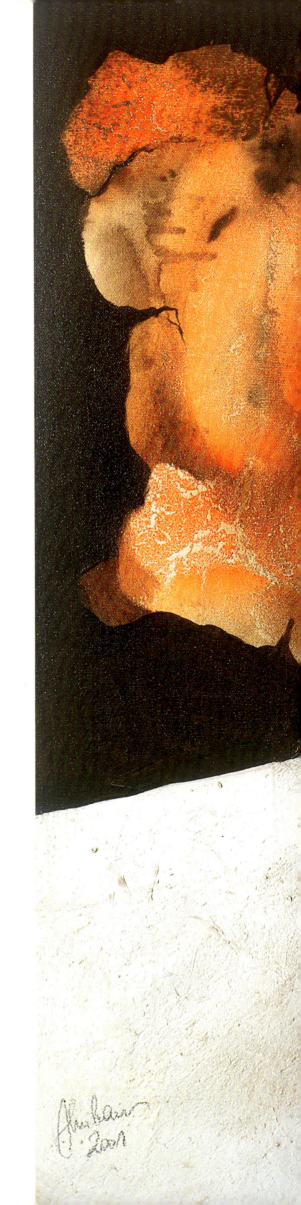

FLORALES II
2001 | 50 x 70 cm | Mischtechnik auf Leinwand

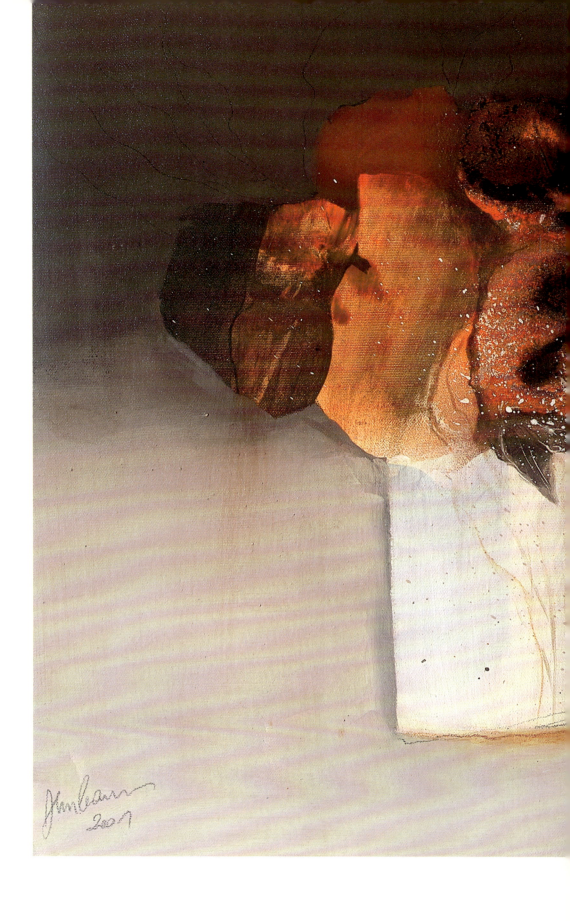

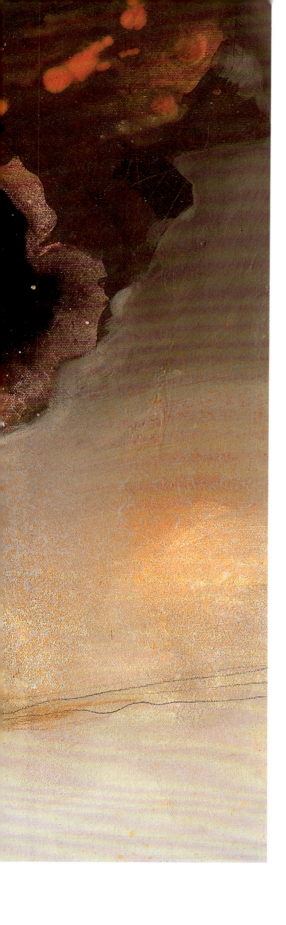

FLORALES III | 2001 | 50 x 50 cm | Mischtechnik auf Leinwand

FLORALES | 2001 | 50 x 50 cm | Mischtechnik auf Leinwand

FRUITS I | 2001 | 55 x 75 cm | Mischtechnik auf handgeschöpfter Bütte

FRUITS II | 2001 | 55 x 75 cm | Mischtechnik auf handgeschöpfter Bütte

DER KÜNSTLER

Gerhard ALMBAUER
1957 geboren in GRAZ/ÖSTERREICH
lebt und arbeitet in GRAZ

Vertreten in zahlreichen öffentlichen und
privaten Sammlungen mit seinen Arbeiten.
Zahlreiche Studienreisen, die ihn bis Bali,
Nepal und Indien führten
Zahlreiche Kunstmessenbeteiligungen
in Frankfurt, Düsseldorf, München, Köln,
Innsbruck, etc.
1994 ORF-Fernsehfilm, 1996 und 2000
Fernsehfilmbeteiligungen
Zahlreiche Buch- und Katalogpublikationen
Regelmäßige Kunstkalenderpublikationen
bei Bertelmann/Deutschland
Seit 1989 Leitung von Malseminaren in
Europa und Asien

AUSSTELLUNGEN
Auszug

1989 BAWAG
Wien, A

1990 Galerie Wolfrum
Wien, A

Galerie Kronenburg
Borken, D

1991 Kunstverein Kulmbach
Kulmbach, D

Galerie im Sterngarten
Salzburg, A

Galerie Stricker
Sauerbrunn, A

1992 Galerie Altesse
Liechtenstein

1993 Galerie Moser
Graz, A

Galerie Schafferer
Innsbruck, A

Galerie Lehner
Linz, A

1994 Theatergalerie
Wien, A

Galerie zur Münz
Zug, CH

Galerie Maringer
St. Pölten, A

1995 Galerie Altesse
Liechtenstein

1996 CA-BV
Graz, A

Galerie Franziskanergasse
Salzburg, A

1997 Galerie Laick
Koblenz, D

Galerie Blaeser
Düsseldorf, D

Stadtgalerie Traun
Traun, A

Schloss Pöllau
Pöllau, A

Galerie zur Münz
Zug, CH

1998 Schlossgalerie Steyr
Steyr, A

Galleria Laboratore e Due
Udine, I

Galleria d'Arte Il Mulino
Goriza, I

1999 Galerie Altesse
Liechtenstein

ArtBox
Kulturzentrum Mattersburg,
Mattersburg, A

Schlossgalerie Lipperheide
Tirol, A

2000 Galerie in der
Prannerstraße
München, D

Galerie Steurer
Worms, D

2001 Galerie Altesse
Liechtenstein

Galerie «Haus der Kunst»
Graz, A

Galerie Hyna
Tegernsee, D

Galerie Notthbohm
Göttingen, D

Galerie Rapp
Wil, CH
Ausstellungsbeteiligung

Galerie 7
Eisenstadt, A

2002 Galerie Conzen
Düsseldorf, D

Galerie
Franziskanergasse
Salzburg, A

Galerie in der
Prannerstraße
München, D

Galerie An Mey
Walweck, D